PREGÚNTALE A ÉL

Cómo tomar decisiones diarias

con la ayuda de tu Guía interior

Edición revisada

Pregúntale a Él – Cómo tomar decisiones diarias con la ayuda de tu Guía interior

Edición revisada: 2013

Copyright © 2005, 2013 Adriana Cascata

Quedan reservados todos los derechos. Ninguna parte de esta publicación puede ser reproducida, almacenada o utilizada de manera alguna sin la expresa autorización escrita del autor o editor.

La autora no proporciona ni describe el uso de ninguna técnica o forma de tratamiento. El propósito de este libro es únicamente ofrecer información de carácter general, sobre la base de la opinión personal de la autora. En el caso que el lector use para sí mismo información aquí ofrecida, el cual es su derecho constitucional, la autora y editora no asumen ningún tipo de responsabilidad por sus acciones.

Publicado en los Estados Unidos de America por
ROYAL BLUE HOUSE
P. O. Box 723 - Bedford Hills, NY 10507 – USA

ISBN: 978-0-9854320-3-4

Library of Congress Control Number: 2013922898

PREGÚNTALE A ÉL

Cómo tomar decisiones diarias

con la ayuda de tu Guía interior

Edición revisada

Adriana Cascata

A Daniel

A mis amores: Eduardo y Carla

ÍNDICE

Primera parte
Dos voces… tú eliges

El presente	3
Un cambio	4
Una mente, dos voces	5
Amor o miedo	6
El poder de tu mente	7
Tu mente crea tu mundo	8
Creer en algo es una elección	9
Mentes unidas	10
Una manera de ver las cosas	11
Percepción	12
Lo que piensas	13
Tu poder de decisión	14
Todo pensamiento toma forma	15
Tus pensamientos	16
Controla tu mente	17
Tus compañeros inseparables	18

La corriente eléctrica	19
¿Qué voz deseas escuchar?	20
Cambio de expectativas	21
Un nuevo significado	22

Segunda parte
La conveniencia de escucharlo a Él

Tu Guía interior	25
El milagro de percibir con Él	26
Un proceso productivo	27
Dos voces, un maestro	28
Ego: ambigüedad y confusión	29
Aprende de los niños	30
¿Quién es Él?	31
¿Cuál es su nombre?	32
Todos son beneficios	33
Su trabajo	34
Siempre cuentas con su ayuda	35
Fe en tu Guía interior	36
Confianza	37
Sana tu mente	38
Tus preguntas	39

Su consejo	40
El lugar de encuentro	41
El perdón	42
¿A quién hay que perdonar?	43
El juego del ego	44
Una escuela única	45
Mente abierta y receptiva	46
Comienza el proceso	47
Él siempre te acompaña	48
Es tu decisión	49

Tercera parte
Confía en ti mismo

¿Cómo escuchar su voz?	53
Saber distinguir	54
Déjalo actuar	55
Su respuesta es la correcta	56
El camino del corazón	57
El objetivo	58
Cómo decidir	59
El desafío	60
Resistencias	61

El problema y la solución	62
Comienza el cambio	63
La duda	64
El miedo	65
Buena voluntad	66
Vive con Él	67
Disolviendo bloques	68
Agradece	69
Alegría	70
Un nuevo hábito	71
Entrégale tus experiencias	72
Emociones	73
Casualidades	74
Amabilidad	75
Crecimiento interior	76
El viaje	77
Confía en ti mismo	78

Cuarta parte

Ideas para incorporar a tu vida	81
Epílogo	83

PRÓLOGO A LA EDICIÓN REVISADA

Desde la publicación original de este libro algunos años atrás, se han producido importantes cambios tecnológicos, especialmente en la manera de transmitir información. El acceso a Internet y, con ello, el desarrollo de las redes sociales, la aparición de teléfonos inteligentes y sofisticados dispositivos para acceder rápidamente a la información, están produciendo una revolución nunca vista antes en el mundo. Ello ha permitido que este libro llegue a lugares del planeta que nunca imaginé al escribir la versión original, brindándome una motivación adicional para continuar divulgando estas ideas.

En este nuevo contexto, presento esta edición revisada, en la que he agregado un párrafo final en cada sección para incorporar diariamente los conceptos allí contenidos y facilitar su puesta en práctica.

Los capítulos siguientes tienen una secuencia lógica. Sin embargo, cada uno de ellos puede leerse en forma independiente de acuerdo al interés del lector.

Actualmente, cientos de libros, videos, blogs, aplicaciones de teléfonos móviles, compiten por atraer la atención del consumidor en temas referidos a la espiritualidad.

Sin perjuicio de que muchos de esos recursos puedan ser beneficiosos, el único camino para obtener resultados verdaderos es recurrir a nuestra fuente interior. Es allí, en lo más profundo de nuestro Ser, donde nos conectamos con nuestro Guía para saber en cada momento de nuestra vida lo que es mejor para cada uno de nosotros.

Adriana Cascata

Primera parte

Dos voces... tú eliges

El presente

Nuestro gran desafío es reconocer que el presente es el único momento que realmente existe. El pasado son recuerdos y el futuro proyectos; ambos existen sólo en tu mente, y en tu mente sólo piensas tú.

Aprende a vivir en el presente dejando ir todo pensamiento pasado o futuro y tratando de centrarte en éste momento. ¿De qué manera? Concéntrate sólo en el ahora. No importa que hayas decidido hace cinco minutos, eso ya es pasado. Ahora es cuando puedes ejercer tu poder de decisión y empezar a vivir una nueva vida. Si aprendes a conectarse con tu voz interior, andarás pleno y disfrutarás de cada instante de tu vida, porque sabrás lo que tienes que hacer.

Piensa y conéctate con esa voz y verás como todo cambia. Conectarse con Él es un proceso fácil, sólo requiere práctica.

Empieza hoy mismo.

Incorpora esta idea: **Vivo en el ahora.**

Un cambio

Es importante que sepas que el único cambio que puedes experimentar es interno, en tu mente. Y esa sustitución en tu mente produce inevitablemente cambios externos. Si cambias solamente tus condiciones externas, se producirán modificaciones en tu vida, pero éstas serán temporarias. La situación original volverá a repetirse una y otra vez hasta que finalmente modifiques tu forma de pensar. Sólo frente a un cambio de mentalidad, se producirá en ti una verdadera transformación. Y como resultado de ese movimiento, tus experiencias serán diferentes.

¿Quieres mejorar aquellos aspectos de tu vida que no están funcionando bien, sin invertir nada más que tu poder de decisión? Puedes hacerlo, aprendiendo a tomar todas tus decisiones con Él.

¿Qué tienes que hacer? Estar dispuesto a pensar como siempre lo has hecho, pero ahora con Él.

Incorpora esta idea: **Estoy dispuesto a cambiar.**

Una mente, dos voces

Ten presente que tu mente es la base de todo cuanto te sucede en la vida. Todo lo que haces desde que te levantas hasta que te acuestas es el resultado de lo que decides pensar. Tomas decisiones en tu mente todo el tiempo. Hay algo importante que puedes descubrir: que tomas tus decisiones escuchando una de estas dos voces. Una voz, que se cree separada del Todo (ego); la otra, que reconoce su íntima relación con nuestro Creador (tu Guía interior).

La voz que se cree independiente es complicada y siempre presenta las cosas en forma confusa. La voz de tu Guía interior es la voz de tu corazón. Es serena, su mensaje es simple y te habla con una claridad asombrosa. Sólo tú puedes decidir qué voz escuchar.

Tus relaciones -contigo mismo y con los demás- se verán beneficiadas. Tus experiencias serán todas positivas.

Incorpora esta idea: **Escucho la voz de mi Guía interior.**

Amor o miedo

Desde que nacemos y durante toda nuestra vida experimentamos una amplia variedad de emociones. Todas ellas tienen uno de estos dos contenidos: amor o miedo.

Somos amor. Esa es nuestra verdadera esencia. Todo lo que no es amor, es miedo. Todos sentimos miedo, el cual puede tomar diferentes formas. Si te enojas, te sientes triste o estás deprimido, es porque los pensamientos de miedo han invadido tu mente.

Déjalos correr y tan pronto como un pensamiento negativo aflore, reemplázalo por uno positivo. Piensa en algo que deseas o que te gustaría hacer o lograr. Aunque creas estar separado, tú formas parte del Todo y estás unido a tu Creador. Descubre esa unión a través de tus pensamientos: te sentirás sereno, alegre y animado. Refuerza cada día tu unión a Él. Experimentarás amor y paz interior frente a cualquier decisión que tomes.

Incorpora esta idea: **Yo soy amor.**

El poder de tu mente

El poder de la mente es infinito.

Piensa en algo que deseas alcanzar y dirige tu mente hacia el logro de ese objetivo, con Él. Si haces esa elección, tu vida cambiará radicalmente.

Aprende a pensar y actuar siempre de la mano de tu Guía interior.

A medida que incorpores estas ideas y las pongas en práctica en cada momento de tu día, sentirás que todo funciona para ti de otra manera. Prepárate, porque es como nacer de nuevo. Es una experiencia única e intransferible.

Incorpora esta idea: **Con la ayuda de mi Guía interior logro mis objetivos de manera armoniosa.**

Tu mente crea tu mundo

Tú eres el creador de tus propios pensamientos.

El mundo es para ti aquello que tú piensas que es.

Si crees que todo lo que ves es real, es real para ti. Si crees que todo es una invención de los sentidos, lo es.

Todo aquello que haces en tu diario vivir se produce primero en tu mente, a nivel del pensamiento; luego esos pensamientos toman forma en la materia.

Piensa cada cosa que quieres con Él y crearás otro mundo, diferente a aquel que te ofrecen los ojos físicos. Observa cómo tu vida comienza a cambiar.

Incorpora esta idea: **Aquello que creo es verdad para mí.**

Creer en algo es una elección

Puedes pensar que la causa de lo que te sucede en la vida es producto de las circunstancias externas; sin embargo todo está en tu mente. De una u otra manera has seguido las lecciones que te han enseñado, y todas esas creencias conforman tu vida.

El poder de "aquello que crees" es poderoso. Transforma en concreto lo abstracto, convierte una idea en un hecho. Lo que tú crees, es verdad para ti.

¿Crees que la vida es maravillosa? Así serán tus experiencias. ¿Crees que la vida es aterradora? Así será para ti. Todo depende de aquello que elijas creer.

Decídete a entregarle a tu Guía interior todas las creencias que sientes que te retrasan o te lastiman. Ello cambiará tus experiencias.

Es un proceso gradual que vale la pena.

Incorpora esta idea: **Soy libre de creer aquello que deseo.**

Mentes unidas

A nivel físico, nuestro cuerpo nos separa de los otros; a nivel mental, nuestra mente nos une a los demás.

Más allá de cualquier separación que podamos percibir, todos estamos unidos a través de nuestras mentes. Y nuestras mentes cual una sola, está unida a la Fuente, de donde todos procedemos.

Aprende a descubrir tu unión con Dios a través de tu Guía interior.

¿Cómo? Dirigiendo conscientemente tus pensamientos hacia Él. Lograrás resultados productivos para ti y para las personas que te rodean.

Una vez que aceptas esta idea, es tan fácil como respirar.

Incorpora esta idea: **Mi mente me une a los demás.**

Una manera de ver las cosas

Así como piensas, así percibes. Si piensas en forma positiva, percibes todo en forma armónica. Si te dejas arrastrar por pensamientos negativos, así serán tus experiencias.

Cómo ves el mundo que te rodea y lo que te ocurre, es el resultado de cómo piensas. Es una decisión. Y ello te lleva a percibir de una manera positiva o negativa.

Dirige tus pensamientos de forma positiva de la mano de tu Guía interior.

Es un proceso que comienza en tu mente y que cambiará tu vida.

Incorpora esta idea: **El mundo es como yo lo percibo.**

♦ ♦ ♦

Percepción

Todo aquello que percibes, cambia y se transforma permanentemente. Lo único que no cambia es la Verdad, la Realidad.

Todos percibimos el mundo de manera diferente en distintas etapas de nuestra vida, ello es algo normal y resultado de un proceso evolutivo.

Tu voz equivocada, distorsiona tu percepción para que actúes de acuerdo a sus objetivos. No sigas una voz tan poco confiable, las cosas no son como ella te las presenta.

Escucha la voz de tu Guía interior, tu verdadero maestro. Su voz es siempre la misma, no cambia con los años. Es tranquila, inalterable e inequívoca.

A medida que descubras y escuches esa voz, corregirás tu percepción. Y si bien el mundo externo seguirá siendo el mismo, tú verás otro mundo.

Incorpora esta idea: **Hay otro modo de ver el mundo y estoy dispuesto a descubrirlo.**

Lo que piensas

En tu mente sólo piensas tú.

La clase de pensamientos que tengas durante el día, ya sean negativos o positivos depende de ti. Es importante que sepas que toda creencia como todo pensamiento, se puede cambiar.

Puedes reemplazar los pensamientos que te hacen daño por pensamientos de bienestar. Para ello debes elegir pensar con Él.

Aprende a sintonizarte con Él, que es lo mismo que decir: piensa pensamientos positivos. Razona aquello que piensas y luego actúa.

No te preocupes si no lo has hecho hasta ahora, puedes empezar ahora mismo. A partir de este momento piensa sólo pensamientos de amor, salud y abundancia.

Incorpora esta idea: **Pienso siempre en positivo.**

Tu poder de decisión

Tu poder de decisión es tu libertad. Únicamente tú decides los cambios que deseas para tu vida. ¿Cómo? A través de tus pensamientos.

Las experiencias que tienes hoy son el resultado de lo que has estado pensando hasta ayer, así como tus experiencias futuras manifestarán tus pensamientos actuales. En tu mente y en tu vida todo es posible, sólo necesitas tener la voluntad de hacer los cambios necesarios. Primero pensando y luego llevando esos pensamientos a la acción. El deseo de que se produzca una transformación en tu vida tiene que ser sincero.

Si descubres y sientes en tu interior esa voluntad de cambiar, no te preocupes por nada. Esa misma voluntad de cambio vendrá acompañada de la fuerza necesaria para que el movimiento se produzca. Él te acompaña en el proceso. ¡Déjate guiar y relájate!

Incorpora esta idea: **Mi Guía interior va conmigo y me acompaña siempre.**

Todo pensamiento toma forma

Si crees que puedes hacer algo que realmente deseas, lo harás. ¡Si te sientes merecedor de salud, amor y abundancia, así será!

Si piensas que no puedes, no lo lograrás. Es una ley que funciona de la misma manera en ambas direcciones. Por eso, la gran diferencia que existe entre los seres humanos se basa en el diferente uso de la mente.

¿Te resulta difícil creer en el poder de la mente?

Piensa en algo y verás como al poco tiempo aquello que pensaste se materializa.

Todo pensamiento tiene efectos.

Piensa con tu Guía interior pensamientos de amor, unión, abundancia y salud.

Incorpora esta idea: **Todo pensamiento se manifiesta en mi vida.**

Tus pensamientos

Eres lo que piensas todo el día.

Tu vida es el resultado de lo que has pensado que era la vida hasta hoy.

Eres el dueño de tus pensamientos y, por esa razón, puedes cambiarlos.

Decídete a escuchar sólo la voz de tu Guía interior.

Las consecuencias no tardarán en manifestarse.

Incorpora esta idea: **Mis pensamientos rigen mi vida.**

Controla tu mente

Aprende a controlar tu mente.

¿Cómo? Examinando aquello que piensas.

Focaliza tus pensamientos sólo en aquello que deseas y jamás pienses en lo que no quieres. Es un trabajo absolutamente personal. Sólo tú puedes hacerlo. Nadie más lo puede hacer por ti.

Lo único que cuenta en tu mente ahora es que te decidas a pensar siempre con tu Guía interior. Concéntrate y piensa sólo pensamientos positivos.

No te dejes impresionar por lo externo. Recuerda que si permites que la opinión de los demás te influya, sentirás miedo. Déjate guiar por Él, quien disipa el miedo de tu vida, ya que te ayuda a percibir correctamente.

Incorpora esta idea: **Soy el dueño de mis pensamientos.**

Tus compañeros inseparables

Tus pensamientos son tus compañeros inseparables. Puedes decirte a ti mismo: no logro dejar de pensar en este tema que me tiene tan preocupado, necesito cambiar de ambiente, desconectarme de todo... Pero a donde vayas tus pensamientos irán contigo.

Por lo tanto, decídete a cambiar tus pensamientos, a pensar con Él, independientemente del lugar donde te encuentres o de las circunstancias que estés atravesando.

Nada excepto tus propios pensamientos te pueden causar alegría, paz, miedo o dolor. Siempre estás pensando, lo importante es que te decidas a hacerlo con tu Guía interior. Los resultados serán positivos.

Aprende y perfecciona el arte de reemplazar tus pensamientos negativos por pensamientos positivos inmediatamente.

Incorpora esta idea: **Mis pensamientos son mis compañeros inseparables.**

La corriente eléctrica

Al igual que la electricidad, el pensamiento es un proceso dinámico de energía que genera determinadas emociones positivas o negativas.

¿Qué significa esto? Que lo que piensas en tu vida es lo que se manifiesta. En tu mente circulan en todo momento pensamientos positivos y negativos.

No existen los pensamientos neutros.

Tus pensamientos funcionan como un imán siguiendo una de las dos voces: el asesoramiento de tu Guía interior unido al Todo o los caprichos de tu otra voz, esa que se cree que todo lo sabe y actúa separada. Y detrás de cada uno de esos pensamientos, subyacen el amor o el miedo.

Pensar con Él es pensar pensamientos de armonía, unión, alegría, abundancia y amor. Y si así piensas, eso es lo que atraerás a tu vida.

Incorpora esta idea: **Pienso únicamente en el bien tanto para mí como para los demás.**

¿Qué voz deseas escuchar?

Cuando vienen a tu mente pensamientos negativos, es porque escuchas la voz equivocada. Déjalos correr. No los resistas. No les hagas frente, ya que aquello que tú resistes cobra más importancia en tu mente. No les asignes valor. Déjalos que se vayan y sustitúyelos en segundos por pensamientos positivos. Es un esfuerzo que vale la pena.

Conéctate con los pensamientos que provienen de Él y con las emociones que aquellos despiertan en ti. Así podrás reconocer todo lo bueno que la vida te ofrece. Concéntrate en el amor, la unión, la salud, la abundancia y la paz interior.

Incorpora esta idea: **Escucho siempre la voz de mi Guía interior.**

Cambio de expectativas

Sueles depositar expectativas en el mundo exterior, logros materiales y relaciones interpersonales. No vivas de forma automática, mirando únicamente hacia el exterior. De esa forma, no encontrarás nada.

Usa la razón para tus asuntos cotidianos, controla tu mente y deposita tu confianza en tu Guía interior.

Concéntrate en lo que realmente deseas de la vida y pregúntale a Él qué debes hacer para lograrlo. Te mostrará el camino. No lo dudes.

Confía en tu verdadero maestro. Tu Guía interior te llevará de la mano hacia un mundo nuevo para ti. Cambia hoy tus expectativas. Céntrate en tu mundo interior, en tus deseos, en tus sueños. Encontrarás allí las respuestas que necesitas para concretarlos.

Incorpora esta idea: **Mi voz interior guía mi vida.**

Un nuevo significado

Recuerda que no estás solo, Dios está presente en tu vida a través de tu Guía interior.

Cuando decides unirte a Él tu vida mejora. Y tus experiencias te mostrarán ese cambio. El mundo, las personas y las cosas que te rodean toman un nuevo significado.

Ahora te das cuenta de que eres realmente libre.

Es tu decisión.

Nadie más que tú mismo puedes decidir quien va a guiar tu vida.

Incorpora esta idea: **Yo soy el único que decide en mi mente.**

Segunda Parte

La conveniencia de escuchar a Él

Tu Guía interior

¿De qué manera puedes conectarte a tu Guía interior?

A través de tus pensamientos.

¿Cual es la diferencia entre una persona que va alegre por la vida, con un andar positivo y otra que está deprimida, cansada y triste?

La primera, escucha a su Guía interior, y toma todas sus decisiones con Él, porque mantiene pensamientos positivos todo el día.

La persona deprimida en cambio, puebla su mente con pensamientos negativos y eso la agota.

Toma tus decisiones con esa voz dentro de ti que te ofrece su guía.

Puedes conectarte con Él en cualquier momento.

Incorpora esta idea: **Pienso siempre en positivo.**

El milagro de percibir con Él

No es necesario que cambies tu vida para encontrar a tu Guía interior. Sigue haciendo lo que has hecho hasta hoy. Pero ahora, de una manera diferente, mejor.

Cuando eliges pensar pensamientos positivos, ves un mundo diferente.

Tu percepción del mundo cambia por completo. No necesitas nada más.

Cuando percibas un problema, intenta unirte a Él cuanto antes. Verás cómo cambia tu percepción del problema. ¡Es un milagro!

Incorpora esta idea: **Todo lo que me ocurre es por alguna razón.**

Un proceso productivo

Si percibes un conflicto o una situación difícil de resolver, el primer paso del proceso es suspender todo juicio. Piensa que todo ocurre por alguna razón. Ello evitará los pensamientos negativos y allanará el camino para que encuentres la solución. Luego, redirecciona tu mente abrigando sólo pensamientos positivos y uniéndote a tu Guía interior. Mantén la calma. ¡Su respuesta llegará!

Los 3 pasos frente a un hecho desafortunado:

1. Suspende todo juicio.

2. Piensa en positivo

3. Espera la respuesta

Incorpora esta idea: **Todo lo que me ocurre es para aprender algo.**

Dos voces, un maestro

Tu mente puede escuchar voces provenientes de diferentes fuentes. Como dice el libro "Un Curso en Milagros" tienes que elegir entre una de las dos voces que hay dentro de ti. La voz de tu personalidad externa es complicada, cree saberlo todo, siempre presenta las cosas en forma confusa y está basada en la escasez y la especulación. La voz de tu Guía interior, coincide con el deseo de tu corazón. Las dos son voces. Sólo una proviene de un maestro; aprende a descubrir la diferencia entre ambas...

¿Especulas? ¿Te resientes? ¿Criticas? Estás escuchando la voz equivocada. ¿Sientes unión con el Todo y todas las personas? ¿Experimentas paz y alegría en tus relaciones? Ten por seguro que estás pensando y decidiendo correctamente. Aprende a escuchar esa voz. Sentirás que comienza una nueva etapa para ti.

Incorpora esta idea: **Aprendo a escuchar la voz de mi corazón.**

Ego: ambigüedad y confusión

El ego es la idea de un mundo donde todo se percibe separado. Se basa en los principios y finales. Su voz es ambigua, las cosas son y no son al mismo tiempo. Se nutre de conflictos y es una voz contradictoria: te sugiere que hagas algo y más tarde te pide que hagas lo contrario. Si prestas atención a esa voz, vivirás confundido y complicado. La simplicidad lo asusta, el perdón y el amor lo disuelven.

Deja de prestarle atención a esa voz, no juegues su juego. Dile gracias, únete a tu Guía interior y sigue tu camino.

Piensa únicamente en integrar y en amar.

Incorpora esta idea: **Pido iluminación para saber lo que tengo que hacer.**

Aprende de los niños

Los niños tienen una gran intuición. A pesar de no tener experiencia en el mundo físico, se equivocan poco. Ellos siguen sin saberlo la voz de la inocencia. Es la misma voz que siempre te acompaña y te guía.

Conviértete nuevamente en un niño pequeño para que puedas recordar cómo era esa dulce voz. La reconocerás porque proviene de Él.

Conéctate con esa Fuente y florecerán en tu mente pensamientos positivos.

Incorpora esta idea: **Hoy me siento unido al Todo y a todos.**

¿Quién es Él?

Tu Guía interior es aquel que, viniendo de Dios, se comunica contigo y te transmite su sabiduría y amor a través de sus pensamientos.

A medida que avanzas en tu desarrollo espiritual, su mensaje se vuelve inequívoco. Aprendes a sintonizar con cierta clase de pensamientos, casi automáticamente. Dichos pensamientos también pueden irrumpir en tu mente en forma de intuiciones u ocurrencias.

Cada día su voz se hace más clara y tu confianza para dejarte guiar aumenta. Ahora caminas seguro, sabiendo quién es Él.

Incorpora esta idea: **Yo soy amor.**

◆ ◆ ◆

¿Cuál es su nombre?

Tu Guía interior tiene muchos nombres. Le darás a Él un nombre diferente, según el lugar del planeta donde hayas nacido. Pero siempre es el mismo, con diferentes denominaciones, símbolos de diversas culturas.

Cómo lo llames, no tiene ninguna importancia. Lo importante es saber que todo ser humano sobre la tierra cuenta con Él.

Comienza a escuchar su voz.

No te arrepentirás.

Incorpora esta idea: **Mi Guía interior vive en mí.**

Todos son beneficios

Unirte a Él sólo tiene beneficios.

Es tu asesor personal.

Tu conexión con Él es única y su asesoramiento es gratuito.

Nunca duerme, actúa en tu mente durante tu vigilia y a través de tus sueños.

Su interés por ti es ilimitado.

Conoce tus preocupaciones y te hará saber cómo enfrentar los problemas que percibes. Te ayuda a corregir tu percepción del mundo y de la situación que experimentas.

No pide nada a cambio. Sólo tienes que estar dispuesto a convocarlo en tu mente y a pedir su ayuda a través de sus pensamientos. Uniéndote a Él, vivirás mejor.

Incorpora esta idea: **¡Me uno a mi Guía interior y sé lo que tengo que hacer!**

Su trabajo

Él es tu guía, dirige y orienta tus pensamientos, pero no los controla.

Puedes acudir a Él sin temor.

Su respuesta te liberará del miedo.

Recibe su asesoramiento y verás los resultados. ¿En qué sentido? En todo.

Su idioma es el perdón, una energía de amor que disuelve todo aquello que percibes negativo en tu vida.

Si lo convocas en tu mente para que haga su trabajo, empezarás a tener una nueva percepción de las personas, de las situaciones y hasta de ti mismo.

Permítele a Él hacer su tarea y te convertirás en un ser pleno y feliz.

Incorpora esta idea: **Perdono a (nombre de la persona) y mi vida cambia.**

Siempre cuentas con su ayuda

Puedes superar cualquier obstáculo con la ayuda de tu Guía interior, a través del poder de tu pensamiento. Y puedes lograrlo casi sin esfuerzo si dejas que Él ilumine tu camino.

Mantén tu mente abierta y deja que por ella circulen pensamientos de perdón, abundancia y amor.

Lo que creías complicado, se vuelve fácil.

Lo imposible se vuelve posible o verás con otros ojos lo que parece imposible.

Siempre cuentas con su ayuda tengas o no conciencia de ello.

Incorpora esta idea: **Mi Guía interior vive en mí.**

Fe en tu Guía interior

Pide ayuda y Él te responderá.

El único requisito es que deposites toda tu fe en Él, quien se encargará de corregir tu percepción acerca de la vida.

A medida que se produce el cambio, verás menos separación, menos conflicto y experimentarás una sensación de paz única. Te darás cuenta de la unión.

Todo es posible con Él, si dejas que sus pensamientos te guíen.

Él está en tu mente, invítalo a participar y te ayudará.

Incorpora esta idea: **Tengo fe en mi Guía interior.**

Confianza

Para que puedas poner estas ideas en práctica es necesario que tengas confianza.

Si tienes algún problema y le preguntas a Él, tienes que tener confianza en que todo se resolverá.

¡No dudes! Si ello ocurre, es porque estás haciendo lugar a deseos conflictivos. No te detengas en ellos. Únete a Él quien te sacará de ese atolladero.

Tu Guía interior esclarecerá tu mente.

Confía en su proceso y en los pensamientos adecuados que aparezcan en tu mente. Dichos pensamientos traerán luz a tu problema e iluminarán tu camino. No temas.

Confía en Él.

Incorpora esta idea: **Confío en mi voz interior.**

Sana tu mente

Cada situación que se te presenta es una nueva oportunidad para sanar; y cuando sanas, percibes correctamente.

Percibir con Él hace posible que experimentes una nueva forma de vivir.

Tu unión a Él te sana.

¿Qué sana? Sana tu mente.

¿Qué tienes que hacer? En lo más profundo de tu ser ya lo sabes... Piensa únicamente en positivo y te sentirás unido al Todo y a todos.

¡Tú puedes!

Incorpora esta idea: **Hoy me siento unido al Todo y a todos.**

Tus preguntas

¿Quieres saber qué es lo que le puedes preguntar a tu Guía interior?

La respuesta es: todo.

Sí, puedes preguntarle acerca de todo lo que pase por tu mente, todo aquello que para ti necesite una respuesta.

Todas tus preguntas serán contestadas, aunque no siempre de la manera en que lo esperas. Pero ten por seguro, que su respuesta en tu mente siempre se te revela, ya sea a partir de una idea, una ocurrencia o simplemente de un deseo de hacer algo de manera diferente.

Incorpora esta idea: **Pregunto y recibo la respuesta que necesito.**

♦ ♦ ♦

Su consejo

La respuesta de tu Guía interior siempre llega.

Acéptala y síguela, aunque no siempre la podrás entender a corto plazo.

Recuerda que Él es el único que conoce todas las variables.

Su sabiduría llegará a tus oídos y sabrás qué hacer.

Estarás en calma.

Incorpora esta idea: **Todo lo que me ocurre es para mi bien aunque hoy no lo entienda.**

El lugar de encuentro

Elige tomar todas tus decisiones con tu Guía interior, es decir con esa parte de tu mente que todo lo sabe y tu vida comenzará a funcionar de manera milagrosa.

Todas las cosas que tienes que hacer en el mundo, hazlas manteniendo siempre tu conexión con Él, donde todo es posible y mucho más simple.

No busques afuera; búscalo dentro de ti, en tu mente y en tu corazón. Lo hallarás.

Él está esperando por ti para brindarte tu ayuda.

Incorpora esta idea: **Mi Guía interior está en mi mente.**

El perdón

El perdón es el regalo que Él te ofrece.

Perdonar significa ver el mundo con los ojos de tu Guía interior. El perdón es ver las cosas unidas y en armonía, a pesar de las circunstancias externas.

El perdón pone las cosas en su lugar. Es el retorno a la cordura, el camino hacia la paz, hacia el amor.

Acude a Él para que te ayude a corregir la manera de verte a ti mismo y a los demás. Toda situación o persona que sientas que te molesta, te hace daño o simplemente no te gusta, es susceptible de perdón.

Perdona. El perdón es disolver el pasado y concentrarse únicamente en el presente.

El perdón es amor.

Quien perdona experimenta paz.

Incorpora esta idea: **Perdono a (nombre de la persona) y esto desaparece.**

¿A quién hay que perdonar?

Tienes que perdonar a los demás y a ti mismo.

Cuando percibes con Él, no ves enemigos. A quien antes considerabas enemigo, ahora se convierte en tu compañero de viaje. Es algo de lo que te irás dando cuenta tú mismo. En la medida en que aprendas a percibir con Él, todo vestigio de conflicto, de lucha y de miedo desaparecerá de tu vida. Y vivirás en paz.

Es una forma de pensar y de vivir.

Incorpora esta idea: **Perdono y veo otro mundo.**

El juego del ego

El ego te hacer sentir amo de algunas situaciones para que te creas que tienes poder sobre los demás. O bien que te consideres una víctima, culpando a los demás por lo que te ocurre. Su estrategia siempre se dirige hacia el mismo objetivo: que fijes tu atención en lo externo, para que creas que lo importante está afuera.

Si buscas afuera, nunca hallarás nada; y te sentirás solo y abandonado en un mundo sin sentido. ¿Es eso lo que quieres creer y experimentar?

Si en cambio, buscas en tu interior, tendrás una visión diferente. Percibirás un mundo lleno de amor y con experiencias de perdón.

Trabaja en el fortalecimiento de tu mente para pensar siempre pensamientos positivos.

Incorpora esta idea: **Yo soy amor.**

Una escuela única

La vida es un proceso continuo donde -en cada circunstancia- actúas como alumno y maestro a la vez. A cada instante encuentras situaciones para aprender y enseñar.

En este salón de clases cuentas con un tutor único, tu Guía interior. Un maestro que te acompaña en todo momento: escúchalo y toma muy en serio su consejo.

Es probable que en alguna situación, escuches tu otra voz tratando de que te apartes de Él. Seguramente tratará de convencerte de que tiene razón, llevando tu atención hacia lo externo. No creas sus argumentos, no son reales. Escucha tu verdadera voz, ésa que te habla en silencio. Sumérgete en tu mente para llegar a Él, quién te dirá que es lo mejor. Escúchalo con atención.

Incorpora esta idea: **Aprendo a escuchar.**

Mente abierta y receptiva

Escucha la voz de tu Guía interior, para hacer lo que siempre has hecho, pero ahora de una manera nueva.

Únicamente con una mente abierta y receptiva podrás trascender los conflictos que se te presenten. Entrégaselos a Él para que se haga cargo por ti.

Hazlo y percibirás la situación de una manera diferente. Donde antes veías un conflicto, ya no lo ves. No importa si puedes entender o no cómo se logra eso, es un milagro.

Incorpora esta idea: **Mantengo mi mente abierta y receptiva.**

Comienza el proceso

Cuando le entregas a tu Guía interior todas las situaciones de tu vida, comienzas a percibir de otro modo. El mundo visto con los ojos del perdón es diferente.

Unirte a Él te permite disolver tus resentimientos y tus miedos. Te ayuda a sacar los obstáculos que impiden la manifestación del amor en tu vida. Notarás que frente a un hecho que antes te causaba enojo, ahora experimentas armonía y serenidad.

Es el principio del proceso. Acepta su regalo.

Incorpora esta idea: **Perdono a (nombre de la persona) y veo otro mundo.**

Él siempre te acompaña

Cuando tengas miedo o experimentes alguna situación desagradable, recuerda que esa dulce voz te acompaña siempre.

Pídele que te haga fácil percibir las cosas de manera diferente. El miedo, la preocupación y la ansiedad se desvanecerán.

Elegir -en todo momento- pensamientos positivos y de perdón es un proceso gradual. Sé paciente contigo mismo.

No importa lo que ocurra en tu vida. Puedes estar viviendo una experiencia maravillosa o siendo testigo de un desastre sin precedentes. Si te sientes conectado a Él -a través de tus pensamientos- te acompañará un sentimiento de paz único.

Incorpora esta idea: **Mi Guía interior vive en mí.**

Es tu decisión

Sólo tú puedes escuchar la voz de tu Guía interior.

Si decides con Él, estarás en armonía, más allá de las circunstancias externas.

Tienes la libertad de unirte a Él; nadie tiene poder sobre ti.

Es tu decisión.

No te fuerces. Cuando te sientas preparado, lo harás.

Incorpora esta idea: **Yo soy el único que decide en mi mente.**

Tercera Parte

Confía en ti mismo

¿Cómo escuchar su voz?

No existe una manera única de escuchar la voz de tu Guía interior.

Descubre por ti mismo cuál es tu manera efectiva de unirte a Él, a esa voz que siempre te acompaña.

Cuando pides ayuda, su respuesta siempre llega. Puedes recibirla de inmediato o bien en un momento posterior; lo importante que debes saber, es que siempre será el momento correcto para ti.

¡Pregúntale lo que necesites saber y ten la seguridad de que escucharás su voz!

Incorpora esta idea: **Mantengo mi mente abierta y receptiva.**

Saber distinguir

¿Cómo saber si la voz que escuchas es la de tu Guía interior?

Es fácil, ya que tu cuerpo manifiesta una profunda sensación de distensión y bienestar. Ya no sientes miedo.

Entrena tu mente para que se habitúe a escuchar la voz de tu Guía interior ante cualquier circunstancia; con un poco de práctica podrás reconocerla al instante. Cuando ello ocurra, sentirás que es una voz muy familiar. Una voz que siempre ha estado contigo, en el tiempo y más allá de él.

Incorpora esta idea: **Mi Guía interior vive en mí.**

Déjalo actuar

Si frente a un problema no sabes qué decisión tomar, no te angusties ni te preocupes. Él te hará llegar la respuesta que necesites, en el momento correcto.

Tu Guía interior siempre te ayuda a comprender cada situación en el momento exacto, ni un segundo antes ni un segundo después.

Te lo hará saber de la manera que Él considere que es mejor para ti.

Tu única decisión es dejarlo actuar en tu mente a través de rectos pensamientos que irán surgiendo.

Reconocerás su respuesta. Sentirás que no proviene de ti sino de Él.

Su voz es inequívoca.

Incorpora esta idea: **Mantengo mi mente abierta y receptiva.**

Su respuesta es la correcta

Al unirte a Él, recibirás la respuesta a tu pregunta.

Muchas veces, encontrarás que su consejo no coincide con la respuesta que esperabas. No te preocupes y recuerda que su dirección no se basa en los conceptos que el mundo maneja. El tiempo y tus experiencias te mostrarán que aquello que escuchas, es lo más apropiado para ti.

Si le preguntas a tu Guía interior y no dudas acerca de su asesoramiento, no tiene importancia si su respuesta te resulta lógica o no a los ojos del mundo. Ten por seguro que no tienes nada de que preocuparte. Su respuesta es siempre la correcta.

Incorpora esta idea: **Se me revela la respuesta que necesito.**

El camino del corazón

Siguiendo el consejo de tu Guía interior, podrás atravesar todos los obstáculos que se te presenten.

No te dejes engañar por la voz del mundo que percibe todo separado. Su lógica es falsa. Te dirá que no le hagas caso a tu corazón o a tu intuición. No le creas. Usa la razón para desenmascararla.

El camino del corazón no se equivoca. Entrena tu mente para que se acostumbre a escuchar la voz de tu asesor interno. Su voz siempre te trae una nueva visión. Si sientes en lo profundo de tu ser que la voz de tu verdadero maestro es la que escuchas, síguela. Ten la certeza de que la decisión que tomes es parte del camino que tienes que recorrer.

Despreocúpate. No busques explicaciones. Sólo síguela. Comprobarás por ti mismo los beneficios de escucharlo a Él.

Incorpora esta idea: **Su respuesta me ofrece una nueva visión.**

El objetivo

Trata de pensar sobre estas ideas con frecuencia. Intenta des-estructurar tu mente.

De ahora en más, presta atención a cada una de tus intuiciones.

Deja que tu mente evalúe otras opciones a la hora de resolver tus cuestiones.

Re-educa tu mente. Cambia tu manera de pensar y elige sólo pensamientos positivos.

Es una elección.

Elige pensar con Él. Vivirás cada día de tu vida de otro modo. ¡Mejor!

Incorpora esta idea: **Mantengo mi mente abierta y siempre pienso en positivo.**

Cómo decidir

Siempre que tengas que tomar una decisión, pregúntale a Él. Su respuesta puede sorprenderte.

Deja que su consejo decante en tu mente y continúa con tu vida normal, tus rutinas, tus actividades.

Piensa sobre ello en los días subsiguientes.

Presta atención a esa voz, sigue tu intuición y no hagas cálculos... Cuando pasen varios días y la respuesta que viene de tu interior es siempre la misma, puedes estar seguro que es la decisión que tienes que tomar. Todo estará bien.

Aquello que decidas estará en armonía y será lo mejor para ti y para el Todo.

Incorpora esta idea: **Confío en mi Guía interior.**

◆ ◆ ◆

El desafío

Ante una situación que te incomoda o frente a una experiencia desagradable, recurre a tu Guía interior quien siempre te acompaña.

Pregúntale a Él y su respuesta llegará. Junto a Él verás que puedes atravesar tus experiencias sin miedo. Tu percepción irá cambiando. Recuerda que todo lo que acontece en tu vida es para aprender algo nuevo.

Todo lo que aprendes con Él es para que puedas pasar por alto lo que sucede. Para que perdones. Tu Guía interior te brinda su asistencia incondicional, y la ajusta de acuerdo a tu capacidad y comprensión.

Mantén tu mente abierta, recordando que tu mayor desafío es controlar aquello que piensas cada minuto de tu día. Los desafíos se convertirán en logros.

Incorpora esta idea: **¿Qué tengo que aprender de esta experiencia?**

Resistencias

Para lograr y mantener tu conexión con tu Guía interior, es necesario que entrenes tu mente. Una mente entrenada te permitirá superar todas las resistencias que aparezcan en el camino.

Las resistencias son muchas y se presentarán de las más diversas formas. Te dirán: No puedes, no eres capaz, piensa en el qué dirán, es mejor seguir las estadísticas, déjalo para más adelante... Pero una mente entrenada es invulnerable.

Nadie tiene el poder de atacar aquello que piensas; si alguien cree que puede, no conoce las leyes.

Los impedimentos desaparecen cuando decides tomar todas tus decisiones con Él y con la poderosa fuerza de los pensamientos que de Él provienen.

¡Confía y verás los resultados!

Incorpora esta idea: **Yo soy amor y el amor todo lo puede.**

El problema y la solución

Tu Guía interior -a través de rectos pensamientos- te proporciona la solución a tus problemas. Tal vez pienses: "Yo no necesito respuestas internas, sólo necesito solucionar este problema concreto que estoy experimentando". Sin embargo, son aquellas respuestas internas las que te conducirán a la solución de tu problema.

Puedes abordar cualquier problema con la ayuda de tu maestro interno. Él te ayudará a encontrar la mejor solución posible.

No resuelvas nada en forma apresurada. Pregúntale a tu Guía. Escucha su respuesta; tal vez no sea instantánea. Sé paciente. Posiblemente el consejo llegue de un modo inesperado. Eso no importa, necesitas saber que con Él, la solución a la que llegues siempre será la apropiada.

Incorpora esta idea: **Se me revela siempre la respuesta que necesito.**

Comienza el cambio

Cuando centras tu atención en tu proceso interno y le preguntas a Él cómo dirigir tus acciones, todo cambia.

Comienzas a controlar tu vida y tus experiencias. Tu relación con los demás mejora porque los aceptas como son. No intentas cambiar a nadie ni permites que los demás te cambien a ti.

Te perdonas a ti mismo y perdonas a los otros cuando sientes que lo que han hecho o hacen, te causa daño. Ahora dejas de juzgar. Te sientes relajado y no intentas manejar las variables externas.

Cada uno de tus pensamientos tendrá la energía de tu voz interior.

Vivirás en conexión con Él.

Pondrás en marcha tus proyectos y llevarás adelante tus sueños.

Haz comenzado el proceso de cambio.

Incorpora esta idea: **Perdono y veo otro mundo.**

La duda

Es posible que durante tu proceso de cambio, aparezca la duda.

Si le preguntas a Él, no tendrás dudas. Recibirás la respuesta que estás esperando. Pregúntale siempre con sinceridad, no te engañes a ti mismo.

Dentro de ti están todas las respuestas. En los archivos de tu mente cuentas con toda la información que necesitas. Él siempre te ayuda a encontrarla.

Pide y recibe su ayuda. No dudes. Tu Guía interior te conoce bien y aquello que provenga de Él, siempre será lo mejor para ti y para todos.

Incorpora esta idea: **Confío en mi Guía interior.**

El miedo

Todos sentimos miedo.

El miedo puede tomar muchas formas.

Enumera tus miedos y entrégaselos a Él.

Pídele ayuda frente a cada miedo concreto que sientas. Hacerlo te ayudará a trabajar con ese miedo, tomar conciencia de él y a descubrir su causa. Piensa que únicamente conociendo su causa, podrías disolverlo. El proceso irá haciéndose más natural cada día. A medida que percibas con Él, tu miedo se irá disolviendo como la nieve al llegar la primavera.

Sentirás destellos de paz.

Recuerda que es un aprendizaje. Ten paciencia. ¡Lo lograrás!

Incorpora esta idea: **El amor disuelve todos mis miedos.**

Buena voluntad

Si algún dolor o preocupación te aflige... únete a Él.

Sólo necesitas tener un poco de buena voluntad.

Sus pensamientos de unidad te acompañarán y verás las cosas de otro modo.

Si estás desorientado, pregúntale a Él: ¿"Qué debo hacer"? Sin duda te contestará. Su respuesta te dará tranquilidad.

No te compliques analizando cómo Él actúa en tu mente.

Tampoco pienses que eres tú quien pone las condiciones para que Él te asesore. Tu tarea es estar dispuesto a escucharlo. Nada más.

Recuerda que sólo un poco de buena voluntad es suficiente para que Él te brinde su ayuda.

Incorpora esta idea: **Mantengo mi mente abierta y buena voluntad en todo momento.**

Vive con Él

Escucha atentamente lo que Él te dice cada día, a través de tus experiencias. No des crédito a las voces externas del mundo. Únete a tu Guía interior para que siempre te brinde su ayuda cuando la necesites.

Cuando aprendes a vivir con Él, todo es diferente.

Tu corazón abierto y tu mente serena dejan paso a una nueva visión de las demás personas y del mundo.

Trasciende esa parte de tu personalidad gobernada por pensamientos negativos y deja que tus características personales se manifiesten en el mundo de la mano de tu Guía interior.

Cuando te decides por Él, el miedo desaparece y sientes una dicha inmensa.

Cultiva tu relación con Él, pensando las veinticuatro horas del día pensamientos de amor, unión y perdón.

Incorpora esta idea: **Mi maestro interno guía mi vida.**

Disolviendo bloques

Eres amor.

El amor está en ti.

Sólo tienes que dejar que se disuelvan los bloques que impiden su presencia en tu vida.

Los bloques son los miedos que toman diferentes formas.

Él disuelve esos bloques (conflictos) que a ti te parecen tan sólidos y allana el camino hacia tu verdadera esencia.

Cada bloque disuelto es un nuevo milagro en tu vida y en tus relaciones.

Experiméntalo tú mismo.

Incorpora esta idea: **Estoy abierto a los milagros.**

Agradece

Únete a tu Guía interior todas las mañanas apenas te despiertes.

Si te olvidas, conéctate a Él cuando te acuerdes. Y en toda oportunidad durante el día en que tengas momentos de unión a Él, agradécele.

Antes de ir a dormir, dale las gracias por tu día. Tal vez no sepas porqué le estás diciendo gracias, ya que el problema que te acosa sigue presente o aún sigues confundido por la situación que atraviesas. Pero ten por seguro que tu agradecimiento está justificado. Y aumenta tu confianza en Él, anticipando su respuesta.

Tú le dirás: "Aún no entiendo por qué tengo que vivir esta situación, pero confío en ti, y tengo fe en ti".

Cuando estés preparado, comprenderás.

Ten fe, acepta y agradece ya que su respuesta llegará.

Incorpora esta idea: **Agradezco a mi Guía interior por su respuesta.**

Alegría

Mientras aprendes a escuchar su voz, mientras adquieres una nueva percepción del mundo, mantén la alegría.

La alegría facilita tu aprendizaje.

Si confías en Él y en su asistencia permanente, no te sientes abrumando por lo externo.

Tu rostro se mantendrá sereno y tu corazón desbordará de alegría.

¿Por qué?

Porque sabes que no estás solo y que Él forma parte de tu mente, de tu viaje, de tu vida.

Incorpora esta idea: **Vivo este día con alegría.**

Un nuevo hábito

Adquiere el hábito de tomas todas tus decisiones con Él, luego de haber escuchado su voz.

Entrénate para decidir siempre con Él.

Pon todas tus decisiones en sus manos.

Confía en tu Guía interior, tal como Él confía en ti.

Los resultados siempre llegan.

¡Compruébalo!

Incorpora esta idea: **Decido cada día con mi Guía interior.**

Entrégale tus experiencias

Entrega todas tus experiencias a tu Guía interior.

Recuerda que el mundo externo promoverá tus dudas y temores. No te dejes convencer por su estrategia, es falsa.

Él hará que tu percepción de la situación cambie. Y ajustará el mensaje para que comprendas, como hace un padre con su hijo pequeño.

Él sabrá dirigir tus esfuerzos para que encuentres la mejor salida para la situación que atraviesas.

Su presencia en tu mente te traerá paz.

Incorpora esta idea: **Mi maestro interno guía mi vida.**

Emociones

Las emociones son con como las aguas del mar. Un día están calmas, otro día movidas y algunas veces revueltas por una tormenta.

Atravesar toda clase de emociones es parte de tu crecimiento.

Hazlo con la ayuda de Él y el camino se tornará fácil.

No temas experimentar toda clase de emociones. Intenta ser prudente y no te desvíes por caminos improductivos producto de pensamientos negativos. Si ello te ocurre, reemplaza de inmediato los pensamientos negativos por otros positivos. Convócalo en tu mente. Piensa con Él.

Con su asistencia, todo resulta más sencillo.

Incorpora esta idea: **Mi Guía interior ilumina siempre mi mente.**

Casualidades

En la vida de cada uno de nosotros no hay casualidades.

Todo lo que ocurre a cada instante, es una prueba necesaria por la que tenemos que pasar. Toda experiencia es un escalón necesario para aprender alguna lección. Cuando ya no necesites determinadas lecciones, éstas ya no se presentarán en tu vida.

Aprende a vivir esas experiencias de la mano de tu Guía interior. Él hallará la forma de ayudarte.

Acepta las aparentes casualidades con naturalidad, como parte del viaje.

Incorpora esta idea: **Todo ocurre por alguna razón.**

Amabilidad

Sé amable y gentil contigo mismo mientras aprendes.

Tu Guía interior te mostrará el camino. Él te hará llegar la respuesta de la manera más clara para ti, en el momento correcto. Su respuesta te sorprenderá.

Y si todavía no te sientes listo para los cambios o te equivocas durante el proceso, no te maltrates. Sé amable contigo mismo. Perdónate.

Incorpora esta idea: **Yo soy amor.**

Crecimiento interior

Escuchar tu voz interior es reconocer lo que ya sabes y habías olvidado. Es un proceso de crecimiento interior y, como tal, requiere tiempo.

No se aprende a leer y a escribir en un día.

Primero aprendes las letras, luego armas frases y con los años puedes convertirte en un escritor.

De igual manera, descubrir, aceptar y seguir la voz de tu Guía interior requiere un entrenamiento.

Sé paciente. Si verdaderamente lo desea, lo lograrás.

Incorpora esta idea: **Escucho la voz de mi Guía interior.**

El viaje

Has emprendido un viaje.

El destino es el mismo para todos: el amor.

Tus experiencias en el mundo son las estaciones que verás durante el viaje. Durante el recorrido, tienes que elegir un compañero. Si eliges al compañero equivocado, tu mente percibirá en todo momento una visión negativa de la vida con estaciones oscuras, desiertas, donde gobierna el temor.

Si en cambio decides unirte a tu compañero correcto, durante el camino verás estaciones repletas de gente, iluminadas por el sol y llenas de amor.

Las estaciones son las mismas, pero las percibirás de manera muy diferente, según los pensamientos que circulen por tu mente.

Decídete por Él, disfrutarás de un viaje seguro y alegre.

Incorpora esta idea: **Yo soy amor.**

Confía en ti mismo

La confianza en ti mismo es la base de todos tus logros.

Es una característica que te permitirá alcanzar aquello que deseas.

No te dejes apabullar por las limitaciones de los demás.

No permitas que las dudas del mundo te asalten.

Aquello que eres capaz de pensar, lo puedes realizar.

Con la ayuda de tu Guía interior, el camino para alcanzar tus objetivos es más corto y tus logros siempre estarán en armonía con todos los aspectos de tu vida. Confía en ti mismo.

Incorpora esta idea: ¡**Confío en mi mismo!**

Cuarta Parte

Ideas para incorporar a tu vida diaria

Incorpora una de estas ideas por día para facilitar la conexión con tu Guía interior:

- Soy libre de creer aquello que deseo
- Soy el dueño de mis pensamientos
- Vivo en el ahora
- Yo soy el único que decide en mi mente
- Estoy dispuesto a cambiar
- Vivo este día con alegría
- Mis pensamientos rigen mi vida
- Mi mente me une a los demás
- El mundo es como yo lo percibo
- Aquello que creo es verdad para mí
- Pienso siempre en positivo
- Mi Guía interior está en mi mente
- Yo soy amor
- Mi Guía interior guía mi vida
- Todo ocurre por alguna razón
- Todo lo que me ocurre es para aprender algo
- ¿Qué tengo que aprender de esta experiencia?
- Mantengo mi mente abierta y receptiva

PREGÚNTALE A ÉL

- Pregunto y recibo la respuesta que necesito
- Pido iluminación para saber lo que tengo que hacer
- Tengo fe en mi Guía interior
- Escucho la voz de mi corazón
- Mi Guía interior me ofrece una nueva visión
- Decido cada día con mi Guía interior
- Perdono y mi vida cambia
- Yo soy amor y el amor todo lo puede
- El amor disuelve todos los miedos
- Agradezco a mi Guía interior por su respuesta
- Mi Guía interior ilumina siempre mi mente
- Confío en mi mismo

Epílogo

A esta altura ya estarás familiarizado con Él.

Camina con tu Guía interior.

Reconoce su presencia en tu mente, siempre.

Aprende a preguntarle todo lo que necesites saber.

No estás solo. Él te acompaña.

Acepta su guía, es una experiencia.

Vivirás de ahora en más expresando el amor de tu corazón.

Todo lo que pienses, digas o hagas procederá de Él.

Su respuesta es tu derecho.

Experimentarás alegría y paz interior.

P.S. Si todavía tienes alguna duda… pregúntale a Él.

www.ingramcontent.com/pod-product-compliance
Lightning Source LLC
Chambersburg PA
CBHW020700300426
44112CB00007B/464